HISTOIRE
D'ÉPERLECQUES

PAR LOUIS DELOZIÈRE,
FACTEUR DE LA POSTE AUX LETTRES.

Parvus ego parva in medium quæsita repono.

DUNKERQUE.
Typ. D'HUBERT, rue Neuve, 44.

1861.

Dans sa séance solennelle du 20 Juin 1854, la Société des Antiquaires de la Morinie, à Saint-Omer, a décerné à cet ouvrage une médaille d'argent à titre de mention honorable.

HISTOIRE
D'ÉPERLECQUES

I.

Eperlecques sous les Comtes de Boulogne.

Le nom de ce village, comme ceux des différents hameaux et des cantons de terres arables qui en dépendent, paraît appartenir à ce dialecte de la langue tudesque qui s'est perpétué jusqu'à nous dans le Flamand, et se composer de deux mots: Sper, du verbe Sperren qui signifie étendre, ouvrir largement, et de Leck, crevasse, fente, cavité par où l'eau s'écoule. Eperlecques, en latin *Sperleka*, *Sperliacum*, signifierait par conséquent spacieux vallon.

Si cette étymologie n'est pas la vraie, elle a, du moins, le mérite d'exprimer admirablement la situation de ce village, qui s'étend, en effet, au fond d'un large vallon, formé par la hauteur de Houlle, et celle que couronne la forêt à laquelle il a donné son nom. Il est arrosé par un principal cours d'eau qui prend sa source près de l'ancien château, et va se jeter lans l'Aa, après avoir reçu deux autres petits ruisseaux, dont l'un est nommé le Coabeck, et l'autre qui est navigable, appelé la l'aclose. Ce principal cours d'eau, qui alimente un moulin, se nomme la Liette ou petite rivière.

Eperlecques, au moyen-âge, ne manquait pas d'importance. Il était défendu, à l'entrée même du vallon, par une puissante forteresse, dont les ruines subsistent encore et dont j'aurai à parler plus tard d'une manière plus étendue.

S'il faut en croire Malbrancq et la plupart de ceux qui ont écrit, après lui, l'histoire de notre pays, le château d'Eperlecques remonterait à l'époque Gallo-Romaine. Il aurait fait parti d'un cordon de forteresses qui, commençant par le château d'Arques et se continuant par ceux de Sithiu, d'Eperlecques, de Ruminghem, de Tournehem et de la Montoire, auraient été destinées à défendre contre les barbares le passage du golfe Ithius.

Mais cette haute antiquité du château d'Eperlecques, aussi bien que l'existence fort problématique du golfe Ithius, ne repose que sur une hypothèse. Cette forteresse ne nous apparait que fort tard dans le moyen-âge; rien, avant le XIe siècle, ne vient nous en révéler l'existence.

Mais, si l'histoire et l'archéologie ne peuvent nous fournir aucun indice qui tende à établir que les Romains aient construit un château-fort à Eperlecques, il n'en est pas de même en ce qui concerne les chemins. Il existe sur ce territoire deux anciennes voies Romaines qui passent pour être, l'une la chaussée de Boulogne à Cassel par Watten, et l'autre celle de Térouane à Sangatte et à Wissant. La première connue sous le nom de Grande-Rue, traverse à mi-côte et dans sa longueur la partie Nord du village, et la seconde, appelée la Grande-Leulène, le coupe à son extrémité Ouest, en deçà du hameau de Culem. L'origine romaine de l'une est un fait admis par tout le monde ; celle de la voie de Cassel à Boulogne, a été démontrée par les vestiges de l'ancien empierrement, qu'on a retrouvés à un mètre au-dessous du sol, lorsque, il y a quelques années, on a fait des travaux en déblais pour établir les fondations d'un pont sur la Paclose, afin de continuer le chemin de grande communication de Watten à Moulle. Des tombes romaines, qu'on a découvertes près de cette ancienne voie, ont rendu cette démonstration encore plus évidente. Il n'est pas rare, non plus, de trouver dans les alentours des monnaies ou des médailles du temps des Empereurs. J'en possède moi-même une d'Otacilia, femme de l'Empereur Philippe Ier ; elle est très bien conservée (1).

Quoiqu'il en soit de l'origine d'Eperlecques, ce nom nous est inconnu jusqu'au IXe siècle. Il nous apparaît, pour la première fois, dans une vie de saint Winoc, écrite par Malbrancq et qu'on suppose avoir été écrite antérieurement aux invasions Normandes. Suivant cette légende, le domaine d'Eperlecques aurait été possédé, au commencement du IXe siècle, par un homme riche et puissant, nommé Gérard, qui en aurait fait donation à l'abbaye de Saint-Winoc, vers l'an 821. Il est probable que cette donation, si elle a eu lieu, comprenait, non pas le domaine de toute la terre

---

(1) Maria Otacilia Severa, mariée à Philippe Ier, Empereur romain, en 234 de J. C.

d'Eperlecques, mais bien un domaine particulier dont Gérard était propriétaire; car, d'une part, je trouve dans une note imprimée (d'après un écrit du sieur Caucheteur, 1770), qu'à cette même époque, Eperlecques appartenait aux comtes de Boulogne; lesquels relevaient ce fief au bénéfice des comtes de Flandre, ce qui paraît assez conforme à l'histoire qui nous montre effectivement ce domaine en la possession des comtes de Boulogne au XIe siècle; et, d'autre part, suivant cette légende, ce Gérard, le donateur de l'abbaye de St-Winoc, aurait construit, postérieurement à sa donation, une chapelle en l'honneur de ce saint. Il se serait passé à cette occasion, un prodige semblable à celui qui, d'après le chroniqueur Folquin, aurait été opéré à St-Bertin en pareille circonstance. En effet, l'un des ouvriers qui travaillaient à la construction de cette chapelle, se laisse tomber d'un lieu très élevé; mais grâce à la protection de saint Winoc, il n'en éprouve aucun mal.

Quelque temps après, le même saint fit un second miracle qui mérite également d'être rapporté; car il prouve, du moins, combien, à cette époque, les églises de nos campagnes étaient pauvres et les ouvrages d'orfèvrerie d'une grande rareté.

Le modeste oratoire élevé par Gérard à Eperlecques, était desservi par les moines de l'abbaye de Wormhout qui allaient y célébrer la Sainte Messe tous les Dimanches. Ces moines se servaient, à cet effet, d'un calice en verre qui appartenait à l'abbaye et qu'ils y rapportaient chaque fois avec eux. Un jour, à leur retour, ces deux religieux, qui avaient officié à Eperlecques, laissèrent tomber le calice qui, par l'effet de cette chûte, se trouva fêlé. Grande, comme on le pense bien, fut la consternation de ces pauvres moines qui n'osaient plus rentrer au monastère, tant ils craignaient les reproches qu'on n'aurait pas manqué de leur adresser. Dans cette circonstance critique, ils se souviennent de leur bien-aimé fondateur et patron auquel ils adressèrent une courte mais fervente prière. saint Winoc ne fut pas sourd à ces supplications et s'empressa de venir en aide à ces malheureux disciples qui montraient tant de confiance en lui. A peine avaient-ils relevé le genou de terre, que le calice se trouva miraculeusement redevenu sain et intact, comme si rien n'avait été fait. Ce prodige, rapporté par ces deux moines eux-mêmes, ne fit qu'accroître la dévotion des religieux pour le saint fondateur de leur maison, laquelle fut transférée plus tard, comme on le sait, à Bergues.

Environ quarante ans après, arrivèrent les Normands. Ces barbares étendirent-ils leurs ravages jusqu'à Eperlecques? C'est ce qu'il est impossible de préciser, car l'agiographe presque contemporain qui fut l'historien fidèle de ces invasions, ne dit pas un mot qui puisse le faire supposer. Malbrancq, il est vrai, et ceux de nos historiens qui sont venus après lui, comptent le château d'Eperlecques au nombre des forteresses qu'ils ont détruites; mais rien, dans les documents de l'époque, ni même des temps postérieurs, ne vient justifier cette assertion.

Suivant la note que j'ai déjà citée, vers ce même temps, le brave Hennequin, ce comte de Boulogne qui résista si courageusement aux Normands, et qui trouva la mort, non pas à Wimille, comme le porte cette note, mais dans l'abbaye même de St-Ulmer-au-Bois (Samer), à la suite d'une bataille sanglante dans laquelle il avait disputé, près d'Attin, le passage de la Canche, contre une horde de ces barbares, aurait prêté foi et hommage, pour le domaine d'Eperlecques, à Bauduin (le chauve), comte de Flandre (1).

Où le sieur Caucheteur, l'auteur de cette note, a-t-il puisé ce renseignement? Je l'ignore. Mais ce qu'il y a de certain, c'est qu'aussi haut que l'histoire nous permet de remonter, nous voyons les comtes de Boulogne en possession d'Eperlecques, et relever ce domaine des comtes de Flandre.

D'après Lambert d'Ardres, historien du XIIe siècle, Eperlecques aurait fait primitivement partie, avec les domaines d'Arques et de Sithiu, de la terre de Guines, laquelle aurait appartenu, vers 660, au comte Walbert, le donateur de St-Bertin. Mais, dans la suite, ce domaine aurait été donné en fief, par le comte de Flandre, au comte de Boulogne, qui le possédait encore de son temps (2). Mais jusqu'au XIe siècle, ces comtes n'avaient pas eu la propriété de la forêt d'Eperlecques.

La circonstance à la suite de laquelle ils en devinrent possesseurs, est trop intéressante pour ne pas trouver place dans cette notice.

En 1070, après la bataille de Cassel, qui valut à Robert le Frison la paisible possession du comté de Flandre, le roi de France, Philippe Ier, qui avait assisté en personne à cette grande bataille pour défendre les droits de Richilde et de son fils, avait d'abord résolu de tenter de nouveau le sort des armes. « Or vous dirons don roi Philippe de Franche » (dit

---

(1) Voir sur la mort d'Hennequin, Malbrancq et le récit plein d'intérêt qu'a fait M. Harboville de cet épisode de l'histoire de Boulogne, dans le tome II du *Puits Artésien*, et à l'article Attin de son *Mémoire Historique*.

(2) Sperlekensia prœdia ut Boloniensis comiti a Flandrensibus comisibus in feodus data. (Lambert d'Ardres. Duchesne, maison de Guines, preuves page 4.)

la petite chronique de Flandre et de Haynaut, histoire manuscrite du XIIIe siècle dont le récit est confirmé par celui d'Ypérius dans sa chronique de St-Bertin (1), « quand il fut
» venu à Monstreul, après la déconfiture de Kassiel, il
» envoia en Franche et fist assemblés grand ost si ala devant
» St-Omer et l'assist il arst le forbourck. Foukes li eveskes
» de pays, ki estoit frere le comte Wistasse de Boulogne,
» séjournoit lors a Esperlecke ; il envoia à Robiert li Frison
» et li manda ke si il li voloit donner le foriest d'Esperlke,
» il feroit le roi lever donc siège et raler en Franche. Robiert
» li Frison li octroia a volontiers dont manda li vesque au
» roi privérement kil estoit trahie se il ne s'en aloit li roi ki
» quida il desist voir (qui pensa qu'il disait vrai,) se leva
» don siège et s'en ala en Franche, Robiert donna la foriest
» devant dite a l'evesque de Paris et li vesque le laissa au
» comte de Boulogne après s'en déchiés. »

Ce récit tend à établir deux choses. Il prouve d'abord qu'au XIe siècle il y avait à Eperlecques une habitation convenable pour loger un personnage aussi important que l'évêque de Paris, chancelier du roi de France, et, en second lieu, que le domaine, moins la forêt, appartenait déjà, dès lors, au comte de Boulogne. Cette habitation, où logeait l'évêque de Paris, ne pouvait être que le château, et il est plus que probable que, si ce prélat y a été faire sa résidence pendant le

---

(1) Don Martene, Thesaurus novus anecdotorum, p. 583. — Suivant Ypérius, Philippe aurait pris la ville de St-Omer elle-même, et passé tous ses habitants au fil de l'épée. Le frère du comte de Boulogne, évêque de Paris et chancelier de France, s'appelait non pas Feuques, mais Godefroi.

Le passage de la petite chronique que nous citons ici, est extrait de la chronique générale anonyme, manuscrite de la bibliothèque de Cambrai. Il a été publié dans les Archives du Nord de la France, etc., nouvelle série, tome III, p. 387.

siége de St-Omer, c'est parce que cette demeure seigneuriale et ce domaine appartenaient à son frère.

Nous trouvons dans l'histoire plusieurs personnages dont le nom est accompagné de celui d'Eperlecques. Nous voyons entr'autres figurer, comme signataire de plusieurs chartes au XIIe siècle, un seigneur nommé en latin Drogo; mais il est probable que c'était plutôt l'indication de son domicile qu'un titre de seigneurie. (1)

II.

Eperlecques sous les Comtes d'Artois et les maisons de Croy et d'Egmont.

Par suite du traité de Péronne (1198), qui détacha de la Flandre les contrées qui, depuis, ont formé le comté d'Artois, Eperlecques, qui se trouva faire partie de ce nouveau comté, cessa d'être relevé des comtes de Flandre, pour l'être des comtes d'Artois.

Ceux-ci, à l'origine, n'avaient presque point, dans tout l'Artois, de domaines qui leur fussent propres : ils travaillèrent

---

(1) 1151, charte d'Arnoul de Gand, comte de Guines, par laquelle il exempte les moines de St-Bertin de payer le droit de travers dans son Comté lorsqu'ils iraient eux-mêmes, ou qu'ils enverraient quelqu'un en Angleterre. Au nombre des témoins est Drogo de Sperleka (Duchesne), maison de Guines, p. 94. — Dans une autre charte de la même époque : Drogo de Sperlecok. Autre de 1174, Drogo de Sperleka.

Beaucoup de personnes confondent Sperleke avec Spelleka, ancien faubourg de Guines.

avec activité à en acquérir. Le premier d'entr'eux qui devint plus tard roi de France, sous le nom de Louis VIII, bien qu'il ne prît jamais le titre de comte d'Artois, avait d'abord commencé à recouvrer sur les châtelains, et notamment sur ceux de St-Omer, les droits que ces derniers avaient usurpés sur tous les biens qui, sous la première et la seconde race, dépendaient du fisc. Robert Ier, son fils, et Robert II, son petit-fils, acquirent, eux, par achat ou autrement, de nombreuses possessions, telle fut la seigneurie d'Eperlecques ; voici dans quelle circonstance :

Robert Ier, comte d'Artois, épousa Mahaut, fille de Henri II, duc de Brabant et de Lorraine, de qui il eut Robert II, second comte d'Artois ; et Mahaut, sa sœur, épousa, en secondes noces, Gui de Châtillon, comte de St-Pol.

Mahaut était devenue propriétaire de la seigneurie d'Eperlecques par la mort de la comtesse de Boulogne, sa cousine (1) ; elle en fit donation à Hugues de Châtillon, son fils de secondes noces. Par une transaction du mois de Mars 1297, Hugues de Châtillon abandonna ce domaine à son frère utérin, Robert II, pour la somme de 7200 livres, qu'il promit de restituer, si les juges qu'il avait choisis, estimaient que la donation ne fût point valable. En conséquence, Hugues de Châtillon fit savoir à tous nobles et non nobles de la terre d'Eperlecques, par des lettres du même mois de Mars 1297, qu'il avait « vendu, délaissez, et octroyé cette terre à » son cher seigneur et frère Robert comte d'Artois (2). »

Depuis Robert II jusqu'à Philippe-le-Bon, onzième comte d'Artois, la seigneurie d'Eperlecques fut dans la même main

---

(1) Voir les pièces justificatives.
(2) Mémoire du comte d'Egmont.

que le château de St-Omer, d'où elle relevait sans toutefois y être réunie. En 1327, elle était administrée par Guilbert de Nédonchel, bailli de Tournehem et d'Eperlecques, devenu plus tard bailli de St-Omer.

Dans le mois de juillet 1380, le duc de Buckingham, bien que le trésor de l'Angleterre fût épuisé et que le royaume se vît menacé d'une révolution inévitable, mit sur pied une armée nombreuse et vint débarquer dans le Boulonnais. De là, protégé par un certain seigneur de Beauloo, fils de l'un des anciens baillis de St-Omer, et qui connaissait le pays, il logea à Eperlecques avec son armée. Le capitaine de St-Omer qui sentait les Anglais si près de lui, reconforta ses guets, et il fit veiller toute la nuit plus de 3000 hommes, pour empêcher que la ville fût surprise, à six heures, les Anglais partirent d'Eperlecques et marchèrent en ordre de bataille vers St-Omer (Froissart).

Pendant la captivité du roi Jean, le sire de Beauloo, bailli de St-Omer, avait abandonné le parti de ce prince, pour s'attacher à celui de Charles-le-Mauvais, roi de Navarre. On lui fit son procès, et il y eut une commission adressée au bailli d'Amiens (Archives de St-Omer) pour faire démolir spécialement son château qui était à quelque distance de St-Omer. On croit que ce château était à Eperlecques (1).

---

(1) Un endroit dans la forêt dite de Beauloo porte le nom de Murailles. On y voyait encore il y a quelque temps des traces de fossés ; j'ai entendu dire par une femme de Bayeughem-lez-Eperlecques, qu'en cherchant de l'herbe, sa faucille heurtait contre des pierres et qu'elle y avait trouvé une pièce d'or qu'elle avait vendue à un orfèvre de St-Omer. Quoiqu'il en soit, il y avait un seigneur de Beauloo à Eperlecques, la forêt portait ce nom, et une ferme près du Ganspette, qui fut longtemps occupée par les Lampstaes, s'appelle encore la ferme de Beauloo. La famille Lampstaes a conservé le sobriquet de marquis de Beauloo.

En 1436 après la levée du siége de Calais, le duc de Glocester ravagea tout le pays sans aucune opposition, si ce n'est vers Eperlecques et Tournehem.

Philippe-le-Bon vendit ce beau domaine, sous faculté de rachat perpétuel, à messire Antoine de Croy, comte de Porcien, pour le récompenser des éminents services qu'il lui avait rendus. Je ne crois pas inutile de transcrire en partie ces lettres de cession qui datent du 14 Août 1453. « Pour
» nous les choses considérées, voulant comme de raison,
» (y est-il dit) reconnaître le grand plaisir et bon service
» que nous a fait en ce que dit est, et autrement ledit
» seigneur de Croy, et procéder avec lui de bonne foi, avons
» de notre certaine science et libérale volonté, pour nous
» nos hoirs et successeurs, baillé, cédé, transporté et délaissé
» à notre dit cousin seigneur de Croy, pour lui ses hoirs ou
» ayant cause, nos chatel, terres et seigneuries d'Eperlecques
» avec le bois que l'on dit de Beauloo y appartenant assis en
» notre comté d'Artois, et les appartenances et dépendances
» d'iceux, ainsi qu'ils se comportent tant en justice haute,
» moyenne et basse, maisons et édifices, terres, près, bois,
» garennes, cens, rentes, fiefs et arrière fiefs hommages....
» etc. » (Mémoire du comte d'Egmont.)

Des mécontentements que de faux rapports avaient attirés à Antoine de Croy, l'ayant obligé de quitter le parti du duc de Bourgogne, tous ses biens, et notamment la terre d'Eperlecques, furent confisqués en 1475, au profit du duc. Mais ce prince ne tarda pas à rendre sa bienveillance à la maison de Croy. Par des lettres du 18 Décembre 1475, il réhabilita Philippe de Porcien de Croy, fils d'Antoine, et lui remit ses biens.

Deux ans après, le 23 Décembre 1477, Marie de Bougogne, petite-fille de Philippe-le-Bon, et Maximilien d'Autriche, son mari, firent expédier à Philippe de Croy, des lettres de réintégration, par lesquelles ils lui rendirent le domaine d'Eperlecques.

Mais cette faveur ne fut pas de longue durée. Car, en 1480, Maximilien et Marie retirèrent des mains de Philippe cette même châtellenie et la cédèrent, par lettres du dernier jour de Septembre de la même année, à la dame d'Humbercourt et à sa fille.

Le mariage de Marie de Bourgogne avec un prince étranger, devenu depuis empereur d'Allemagne, sépara de fait l'Artois de la France, avec laquelle Maximilien fut presque toujours en guerre. En 1487, le château d'Eperlecques fut pris par les Français, et repris deux ans après, en 1489, par les Bourguignons.

A Maximilien succéda Charles-Quint, son petit-fils. La famille de Croy étant rentrée dans ses bonnes grâces, ce prince, par lettres du 22 Février 1519, reprit la châtellenie d'Eperlecques, que son aïeul avait cédée à la dame d'Humbercourt, et la transmit à Guillaume de Croy, duc de Solre et marquis d'Arscot. Ce seigneur vécut fort peu après avoir récupéré ce domaine, et sa mort occasionna un nouveau changement.

Charles-Quint, pour doter la demoiselle Barbe de Hylle, reprit la terre d'Eperlecques, du consentement de la marquise d'Arscot, veuve de Guillaume de Croy, et la fit passer à cette demoiselle, et à Eustache de Brimen, comte de Meghem et seigneur d'Humbercourt, son époux, par lettres du 23 Février 1521.

Charles s'était réservé le droit de retour de la terre d'Eperlecques, après la mort de Barbe de Hylle. Dans la suite Philippe II, roi d'Espagne, son fils, accorda le dernier de Novembre 1556, de nouvelles lettres à Charles de Brimen, fils d'Eustache et de Barbe de Hylle, par lesquelles il augmenta de 20,000 livres la somme pour laquelle Eperlecques pourrait être racheté avec renonciation au droit de rachat pendant la vie d'Eustache de Brimen.

Depuis lors la châtellenie d'Eperlecques resta dans cette maison. D'Eustache de Brimen, elle passa par succession, à Marie de Brimen, duchesse de Croy et d'Arscot, ensuite à Eustache de Croy, comte de Rœulx et de Meghem, qui en fit don, le 25 Mars 1606, à Jacques de Croy, fils puîné du premier mariage de Philippe de Croy, comte de Solre, par contrat passé devant les lieutenants et hommes de fiefs du bailliage de St-Omer.

Le 3 Septembre 1613, Mathieu Dompierre, capitaine d'Eperlecques, releva la seigneurie et prêta le serment, au nom de Jacques de Croy, après le trépas du comte de Solre.

Par la mort de Philippe de Croy, duc d'Avré, cette seigneurie fut dévolue à Marie-Ferdinande de Croy, qui la fit entrer dans la maison d'Egmont, par son mariage avec Philippe, comte et seigneur de ce nom.

La seigneurie d'Eperlecques resta dans la famille d'Egmont, jusqu'à la révolution. Casimir Pignatelly, comte d'Egmont, dernier propriétaire, émigra, et les biens qu'il avait à Eperlecques, furent vendus comme domaines nationaux.

Pendant cette période, Eperlecques fut plusieurs fois dévasté par les Français, notamment en 1597. Nous laissons raconter ce fait par notre bon vieil Hendrick, dans son

recueil historique, tome i, page 300. « Le 9 may les Franchois
» présuposans que la plus-part des paisans de notre frontière
» d'Artois étoient négligens a bien veiller leur salut parce
» qu'il leur sembloit que iceux Franchois n'auroient gaire
» de force pour les molester, pour être la plus-part occupez
» avec leur roy au siége d'Amiens, d'autre coté les Franchois
» despitez qu'ils avoient faillis a prendre l'église de Bainghem
» d'ou par la grande vaillance des paisans ils avoient estez
» chassez, ils jetèrent leur visée d'autre coté sur le village
» d'Esperlecque, ou ils savoient y avoir encoire bon nombre
» de bons prisonniers, et bestail, pour cela s'estans rassemblés
» quelques 60 cavaillers et environs 150 hommes de pieds
» de plusieurs fors à la chaussée, vindre donner à l'improvise
» dans icelui village comme il estoit 2 a 3 heures après midi
» et fut leur venue si subite pour être l'heure et la saison
» moins soupsonneuse, car jamais l'on eut pensé qu'a telle
» heure aucuns ennemis se fut hazardé a piller de sorte
» qu'ils surprindre presque le chateau du susdit Esperlecque,
» la ou il y avoit alors que deux à trois hommes, lesquels
» haulsèrent hastivement le pont, cependant ces Franchois
» ne visant après le chateau ayant coupé passages et retraite
» aux paisans asamblèrent a un tout le bestail qu'ils peurent
» atraper, tant bestes chevalines, vaches, porcqs que
» brebis et moustons, de sorte que leur butin fut bien grand,
» avec, ce aucuns prisonniers pensans bien retourner
» facilement en leur cartier, mais aucuns d'iceux paisans
» des incontinent qu'ils apercurent la grande troupe des Fran-
» chois, coururent a toute bride avertir ceux de Tournehem
» qu'ils fussent sur leur garde pour l'ennemie qui ravageoit
» tout leur village d'Esperlecque, qui causa que l'ung d'iceux

» de Tournehem, monta à cheval et courut avertir la garnison
» d'Ardres qu'il se présentoit un beau buttin pour eux, s'ils
» vouloient poursuivre ces Franchois, lesquels pour estre
» chergiest de buttin, travailloient du chemin seroient bientot
» déconfits ; si bien que les cavaliers d'Ardres avec le
» gouverneur s'estant hastivement équipez, se mirent en
» campagne assistez de bon nombre de piétons poursuivant
» si bien l'ennemi qu'il avoit jatant gaigné en cheminant
» sur ceux d'Ardres, que ceux de la chaussée aians departi
» leur buttin estoient ja a saulveté dans leur fort, mais ceux
» d'Ardres ne faisant à poursuivre le reste, les raloignient
» qu'il estoit ja nuit, et les effraièrent si fort a leur venue
» que tout incontinent ces Franchois se mirent en fuite,
» laissant quelques 24 ou 25 des leur engraisser les champs
» et quelques 22 ou 24 qui demeurèrent prisonniers,
» Nonobstant ceux d'Ardres ne laissoient a poursuivre ces
» fuiards jusque bien avant a la fosse du Boulonnois,
» ramenant bonne partie du butin qu'ils avoient prins sur
» ceux d'Esperlecque, tel encore eurent pour cette fois les
» Franchois de ceux d'Ardres, qui certes nous ont esté tant
» travaillez que le passé, parce que de jour a autre cette ditte
» garnison se mettoit aux champs tantost d'un costé tantost
» d'un autre pour surprendre ces pillards Franchois, que si
» les cavaliers du comte de Reux, qui, le long de la guerre,
» ont esté en garnison en notre ville, se fussent ainsi gouverner
» peut être que le plat pais ne fut détruit et ruiné comme
» il est tellement même que jusques a nos portes en grande
» peine se trouveroit un homme en village qui ne tint les
» fors et église si bien le jour que de nuit. »

Pendant le siège de Saint-Omer en 1638, le château

d'Eperlecques fut considéré par les Français comme une position importante pour la prise de cette ville. En Août 1637, il fut décidé, dans une assemblée des députés du clergé, qu'on écrirait une lettre à Monseigneur Issembourg, sur l'importance de cette place et de celle de Ruminghem. Ils lui firent connaître « le grand intérêt qu'il alloit au service » du roi en la prise d'icelle (1). » Les fortifications de ces deux châteaux étaient en bon état. Il fut résolu de les secourir et de les approvisionner. Les Flamands furent chargés d'y tenir la main ferme en cas de secours. Mille florins furent alloués pour les mettre en état de défense. Les Français de leur côté ne négligèrent rien pour se mettre en possession de ces deux forteresses, et s'y établir. Ils assiégèrent vigoureusement celle d'Eperlecques, dont la garnison se vit dans la nécessité de se rendre par composition au maréchal de Châtillon, le Dimanche 30 Mai 1638, après deux jours de siége : « d'où » retournant les troupes ennemies après y avoir mis garnison, » et passant par Tilques, Escont, Salpervicq, y mirent le » feu, sur les 2 heures après midi, s'emparans du coté dudit » Salpervicq ou ils firent un grand butin de bestiaux (2). »

Mais, lorsque le siége de St-Omer fut levé, les Espagnols reprirent facilement le château d'Eperlecques ; toutefois ceux-ci ne tardèrent pas à y revenir. Au mois d'Août 1639, après avoir reçu le bâton de maréchal et fait réparer les brèches d'Hesdin, Charles de la Porte, maréchal de la Meilleraye, conduisit son armée au-delà de St-Omer, et assiégea le château d'Eperlecques. Le fort fut pris et rasé en partie, ainsi que le château, et le commandant qui avait refusé de se rendre, fut

---

(1) Manuscrit d'Affringues.
(2) Manuscrit d'Affringues.

pendu au haut du donjon. La Meilleraye assiégea ensuite le château de Ruminghem ; le capitaine qui y commandait n'ayant consenti à se rendre qu'après avoir essuyé quelques volées de coups de canon, le maréchal avait décidé qu'on lui ferait subir le même sort qu'à celui d'Eperlecques, mais les officiers ayant demandé sa grâce, on le retint prisonnier (1).

Les Français ayant dû lever le siége de St-Omer, Watten resta aux Espagnols jusqu'au 10 Août 1643 que les Français le reprirent ; ils furent obligés l'année suivante d'établir un camp sur la hauteur. Les troupes qui le formèrent, commandées par le maréchal Gassion, général très distingué, quittèrent la position qu'elles occupaient devant Gravelines, firent halte à Houlle, à Moulle, à Eperlecques, et passèrent la rivière au quartier Bleu-Maison (2). Le 17 Octobre 1644, l'armée des Français qui était à Blandecques, fit un mouvement sur Eperlecques pour être plus à portée de défendre Watten, où le duc d'Elbœuf était enfermé avec quelques troupes.

Le château d'Eperlecques qui n'offre plus que quelques ruines, était situé à l'Ouest du village, à l'endroit dit Mellemotte. En 1789, on le voyait encore entouré de deux larges fossés, qu'il fallait franchir sur des ponts-levis. Il était construit en briques et en pierres blanches, et couvert en tuiles. On remarquait, au rez-de-chaussée, trois chambres et des cabinets voûtés ; au-dessous, des caves, et au-dessus, les étages surmontés de greniers. Il y avait aussi un fournil et un puits sur la terrasse entourée de murs à droite avec une tourelle à son angle Nord. Cette tourelle était flanquée de

---

(1) Don Devienne.
(2) Manuscrit d'Affringues.

bastions et de murailles de force. Il existait aussi plusieurs autres corps de bâtiments, construits, sans doute, par quelques locataires, car, lors de la révolution, il y avait longtemps qu'il n'existait plus ni châtelains, ni garnisons ; tous ces bâtiments étaient en très mauvais état et tombaient en ruines. Les avenues étaient ombragées de tilleuls.

Vendu en l'an 3 de la République (1794), Monsieur Dereuder l'acheta et le fit démolir, à l'exception de la terrasse. Aujourd'hui, avec ses débris, on achève de combler les fossés, et dans quelques années il n'en restera plus de vestiges. En le démolissant, on y a trouvé plusieurs armes antiques, de vieux canons, des boulets, des chevaux de frise (espèce de clous à quatre pointes) qu'on jetait sur le passage des chevaux, et plusieurs squelettes. On y a découvert aussi plusieurs pièces de monnaies romaines et du moyen-âge. Parmi celles que j'ai recueillies, il en est une de Jules César, d'un côté on voit son effigie avec la légende presque effacée ; au revers se trouve la foudre entre un S et un C. Cette pièce est en cuivre. J'en ai une de Posthume et plusieurs de Néron, de Gallien et des deux Constantin. On en a trouvé quelques unes des ducs de Bourgogne, de Charles IX, de Henri IV et de Louis XIII.

Telles sont les seules notions historiques qu'il m'a été possible de recueillir sur la seigneurie d'Eperlecques et sur ce vieux château dont les ruines, si belles encore il y vingt ans, ont été témoins de mon enfance et de mes premiers jeux.

III.

Etendue de la Châtellenie d'Eperlecques ; sa Juridiction.

Eperlecques n'était pas un fief ordinaire ; son château était le chef-lieu de ce qu'on appelait une Châtellenie, c'est-à-dire qu'il avait dans sa dépendance tous les fiefs qui se trouvaient sur son territoire, l'un des plus étendus du département : il a en effet près de sept lieues de circonférence. Il se compose de 14 hameaux dont le moindre compte 32 habitants, ce sont : 1° La Place 244 habitants, 2° Westrove 101, 3° Meullemotte 111, 4° Hellebroucq 274, 5° Pauverstraete 66, 6° Est-Mont 184, 7° Ouest-Mont 251, 8° Nordstraete 54, 9° Loosthoucq 74, 10° Sars 59, 11° Ganspette 202, 12° Estaberghe 49, 13° Bleu-Maison 230, et 14° Culem 32. Ce qui donne un total de 1931 habitants d'après le tableau de recensement de 1851.

Ces différents hameaux comprenaient un nombre plus ou moins grand de fiefs et de seigneuries, qui tous relevaient du château d'Eperlecques sous le double rapport de l'hommage et de la justice. Le seigneur d'Eperlecques avait les degrés de juridiction comprenant la haute, la moyenne et la basse justice. Pour l'exercer, il avait, suivant l'usage usité partout en Artois et en Flandre, les officiers de sa cour, savoir : un bailli, un procureur fiscal, un sergent, et pour la servir, les hommes de fiefs de la châtellenie, qui étaient tenus au service des plaids; lesquels avaient lieu de quinzaine en quinzaine à la censure des baillis. La châtellenie ressortissait immédiatement, sous le rapport de la justice, du bailliage de St-Omer, où se portaient les appels. Mais, dans les derniers temps, les affaires criminelles allaient directement, sur appel, au conseil d'Artois.

Les expositions au carcan se faisaient sur la place; et quant aux exécutions capitales, elles avaient lieu à l'endroit qui porte encore actuellement le nom de la potence, près d'un autre champ appelé la justice, où se tenaient autrefois les franches-vérités ou grandes assises.

La dernière exposition criminelle dont se souviennent les vieillards d'Eperlecques, eut lieu en l'année 1786, le 30 Octobre. Le patient était un journalier qui, ayant été condamné aux galères perpétuelles par le tribunal des francs-hommes de la châtellenie pour avoir volé des fèves pendant la nuit, vit confirmer sa sentence, sur appel, par le conseil d'Artois. « Le condamné (porte le procès-verbal), ayant été
» amené en chambre ordinaire de justice, entendit la lecture
» de l'arrêt rendu contre lui, en présence de MM. les lieu-
» tenants et hommes de fief de la châtellenie d'Eperlec-
» ques, ensuite de quoi il a été mis es-mains de l'exécuteur
» de la haute police qui l'a conduit sur la place publique
» dudit Eperlecques où il l'a appliqué au carcan planté à
» à cet effet sur ladite place avec écriteau pardevant et par-
» derrière, portant ces mots: voleur de fèves dans les
» champs pendant la nuit, et après y être resté pendant une
» heure ledit exécuteur l'a conduit dans les carrefours et
» lieux accoutumés dudit Eperlecques et ledit arrest a été
» exécuté en tout son contenu en présence des commis gref-
» fiers... Ce fait, le patient a été reconduit es-prison royale
» de la ville de St-Omer jusqu'au passage de la chaine pour
» les galères. »

Eperlecques suivait la coutume de St-Omer. On dit que cette châtellenie avait une coutume particulière rédigée en 1507 ; mais cela n'est pas bien certain, ni même probable, car si cette coutume avait existé, on n'aurait pas manqué de la rédiger avec les autres coutumes locales du bailliage de St-Omer en 1744.

IV.

Eglise et Chapelle du Ganspette.

En parlant de l'église d'Eperlecques Harlay dit en 1789 : « Eperlecques paroit-être fort ancien; le chœur périt et tombe par caducité et renouvellé de nos jours » (1). La tour est une des plus curieuses des villages du département, elle est bâtie en pierres blanches, le portail est entouré de nervures qui sont d'un très bel effet. L'architecture gothique y domine ; elle paraît être du XIVe ou du XVe siècle, des niches ayant des culs de lampes pour soubassement et surmontées de dais d'un travail très délicat la décorent sur toutes ses faces ; mais elles sont toutes veuves de statues.

La galerie qui couronne l'édifice, est ornée à sa base d'une guirlande de feuillages délicatement sculptée, le haut est ornée de têtes en bas reliefs vues de profils ; quelques unes sont couvertes de casques.

Cette tour est flanquée au Sud d'une tourelle dont l'intérieur est occupé par l'escalier en spirale qui conduit sur la plate-forme. Cette tourelle était surmontée d'une croix en

(1) Almanach d'Eperlecques pour 1789.

pierre qui tomba lors de l'ouragan de 1836. Le centre de la plate-forme est occupé par une flèche en charpente couverte en ardoises, posée en 1701 en remplacement d'une en pierre qui s'écroula en 1700. On en voit encore des vestiges dans l'intérieur du clocher; une pierre porte la date 1701 qui est sans doute l'année de cette réparation. On dit qu'il y avait anciennement trois cloches dans cette tour, dont une aurait été envoyée dans un village de la Flandre. En 1789 il en restait deux. La plus petite fut jetée en bas pendant la révolution pour être envoyée à la monnaie; on voit encore les corniches qui furent ébréchées par sa chute. L'autre s'est fendue en 1840; elle fut refondue à Frévent et se nomme Charlotte-Thérèse-Louise; elle pèse environ 1300 kilogrammes. La bénédiction a eu lieu le 7 Décembre 1840. Le parrain fut Monsieur Roels, ancien notaire à St-Omer, et la marraine Madame Colin née Dewintre. C'est par les soins de ces deux personnes qu'une horloge fut placée dans cette tour en 1841.

Le vaisseau de l'église ne paraît pas être de la même époque que la tour. On voyait encore il y quelques années, près de l'autel des trépassés (1), une pierre portant la date 1563. Il est bâti en briques et en pierres blanches. Ce temple a trois nefs soutenues par des pilliers qui ne correspondent pas du tout avec l'élégance de la tour. Le carrelage des vitres est d'un travail remarquable; chaque croisée forme un dessin particulier.

Le chœur bâti en 1768, est vaste et très bien éclairé; il est séparé des autels collatéraux par une arcade d'une élévation hardie. L'église est assez riche en ornements, le buffet

---

(1) Aujourd'hui autel du Sacré-Cœur de Jésus.

d'orgue suspendu sous la grande arcade de la tour, provient, dit-on, de l'église de Lederzeele ; il est assez joli, on remarque surtout l'escalier qui y conduit et une espèce de cloison gothique qui semble avoir appartenu à un ancien jubé. Malheureusement une grossière peinture empêche de distinguer les détails de ce superbe morceau. Avant la révolution le comte d'Egmont avait dans le chœur un banc décoré de ses armes. Cette église est sous le patronage de St-Léger, évêque d'Autun, qui vivait au VIIe siècle.

Vendue comme bien national en 1793, Monsieur Dereuder, ancien fermier de la cense abbatiale de Muncq-Nieurlet, l'acheta ; c'est grâce à lui qu'elle échappa à la fureur dévastatrice qui s'attachait, alors, à tout ce qu'il y avait de religieux. M. Dereuder en fit dépaver une partie et enlever quelques boiseries. On voit encore dans son ancienne maison, située en face de l'église, des pierres sépulcrales qui sont très anciennes. Cette église est située au milieu d'un vaste cimetière entouré de murs en pierres blanches, plusieurs sentiers le traversaient, mais en 1840, les petits chemins furent supprimés.

Au dire des vieillards du pays, le village et l'église d'Eperlecques se seraient autrefois élevés à l'endroit appelé vulgairement La Balance, à deux kilomètres de l'église actuelle, près de la route de Calais à St-Omer, et d'un ancien chemin dit la Petite-Leulène. En labourant on y a trouvé des traces d'habitations. Si cette tradition est vraie, ce n'aura été qu'après la construction de l'église actuelle que la place aura été changée, ce qui remonterait au XIVe ou au XVe siècle. Mais, à part ces quelques débris de fondations dont je viens de parler, rien ne justifie la véracité de cette tradition.

Dans le cimetière on se découvre avec respect au pied d'un arbre planté par la famille Colin. C'est là que repose M. Isidore Colin, enlevé trop tôt à sa famille et à ses nombreux amis ; une fosse qui vient d'être recouverte à côté de la sienne, recèle la dépouille mortelle de son frère si bien connu sous le nom de l'ancien Maire.

Un enfant d'un printemps au plus, Ernest Herbout, dont on lit le nom sur une pierre brisée, rappelle le séjour d'une famille recommandable par sa bienfaisance pour les pauvres. On remarque aussi le petit monument élevé à M. Martin, curé de la paroisse, qu'un déplorable accident enleva à l'affection de ses paroissiens en 1850.

Le territoire d'Eperlecques est trop vaste et trop étendu pour qu'une seule église puisse suffire à ses habitants. C'est ce qu'un sieur Caucheteur a parfaitement compris au siècle dernier.

Jean-Albert-Dominique Caucheteur, conseiller du roi au bailliage de St-Omer, seigneur du pays de Langle, du Vindal, Vaudringhem, etc., est le fondateur de la chapelle du Ganspette, en exécution d'un vœu de feu Marie-Antoinette Dollé, sa mère, d'après le chronographe qu'on voit encore ; elle aurait été fondée en 1717, mais elle existait avant 1715. Voici le texte de ce chronographe :

MarIœ DonaVIt CaVCheteVr.

Le 29 Juillet 1715, Jean-Albert-Dominique Caucheteur adressa une lettre à l'évêque de Boulogne-sur-Mer : « sur ce
» que la propreté avec laquelle il a fait entretenir jusqu'a
» présent ladite chapelle, n'a pas peu contribué à la dévo-
» tion qui y ont les particuliers dudit lieu et des environs,
» servante même de reposoir lorsqu'il se fait des proces-

» sions, qu'elle se trouve placée dans un lieu qui, pour la
» commodité des peuples et des paroissiens d'Eperlecques,
» leur serait d'un grand secours si on y disait la messe,
» surtout en hyver, ou lorsqu'il fait des temps facheux.
» Qu'outre cet avantage, pourra s'ensuivre un deuxième
» pour l'établissement d'un chapelain dans la suite avec
» la permission de l'évêque de Boulogne, offrant dès à pré-
» sent d'y fonder une messe a décharger toutes le semaines,
» et d'affecter un fond pour l'entretien de ladite chapelle,
» demandant que ladite chapelle sera bénie et mise en état
» d'y pouvoir dire la sainte messe. »

A la marge de cette lettre était écrit, par forme d'apostille ce qui suit : « Avant que de faire droit sur la présente
» requeste, nous avons ordonné qu'il sera informé et dressé
» procès-verbal, par le sieur doyen du district, de commodo
» et incommodo de ce qui est demandé par icelle, ensuite
» de quoy le tout sera communiqué au sieur curé d'Esper-
» lecque pour, par lui, estre consentit ou contredit à l'éta-
» blissement et aux permissions demandées, pour le tout
» nous étant rapporté, estre ce qui sera trouvé raisonnable. »

La chapelle fut bénite, le même Caucheteur se chargea de fournir à son entretien, y engagea tous ses biens, entr'autres une ferme occupée par Eustache Boutoille. Le 19 Août à 10 heures du matin, M. l'abbé P. Adrien de la Barre (ou de la Beuve), prêtre doyen du district de Tournehem, commissaire nommé par l'évêque de Boulogne en date du 29 Juillet 1715, se transporta au « Gassepette, accompagné du sieur
» Léonard-François Loman, seigneur de Watterlet et au-
» tres lieux, grand bailli de MM. les abbés et religieux de
» St-Augustin, qui a présenté le missel avec les burettes »

et de Philippe de Raïsmes, seigneur de Luicq. La chapelle fut trouvée d'une manière convenable, bien ornée : « et garnie » de linge et ornements. » La pierre d'autel manquait, mais le sieur Caucheteur se chargea de la fournir.

L'évêque de Boulogne permit qu'on y dit la messe les dimanches et les fêtes, par provision pendant trois mois, entendant que le sieur Caucheteur et les habitants s'arrangeassent entre eux pour fournir à l'entretien d'un chapelain, qui, du consentement du curé d'Eperlecques, ne pourrait dire la messe même les jours fériés, ni empêcher les paroissiens : « de ce » canton à satisfaire aux devoirs de la paroisse. »

Dans le testament du sieur Eugène Caucheteur en date du 20 Mars 1733, il est dit qu'il sera déchargé à perpétuité dans la chapelle de Notre-Dame-aux-Neiges, située près de sa maison au Ganspette, pour chaque dimanche, une messe basse à l'intention du testateur et de ses parents, pour chacune desquelles il sera payé « 15 sols », si cette rétribution n'est pas suffisante, il n'en sera déchargé que 39, depuis Septembre jusqu'en mai, pendant le temps où les habitants ont le plus mauvais chemin, a raison de « 20 sols, » et si ces honoraires n'étaient pas acceptés, les R. P. Dominicains de St-Omer devaient acquitter, à perpétuité, en la chapelle de leur couvent, une messe basse à la rétribution de « 12 sols. » Par le même testament, il disposait aussi de 1500 livres, de trois mesures de bonnes terres, pour fonder au Ganspette, un presbytère, et une rente annuelle de 300 livres par an pour le chapelain ; l'évêque de Boulogne devait avoir la nomination de ce bénéfice ; mais il devait préférer les plus proches parents du testateur.

La fille d'Eugène Caucheteur était mineure lors de ce

testament; le testateur voulut qu'en cas de mort sans enfants, les conditions ci-dessus indiquées fussent remplies.

Or, Marie-Eugénie Caucheteur mourut, en effet, sans enfants. Le sieur Joly, prêtre pourvu au bénéfice de la chapelle du Ganspette, poursuivit l'exécution du testament. De là un procès assez long ; car les héritiers Caucheteur ne voulaient pas exécuter les conditions de ce testament relativement à la fondation du Ganspette.

Le 21 Février 1752, il intervint un arrêt du Parlement qui les condamna à payer au sieur Joly la somme de 450 livres pour pension, et 150 livres pour logement.

Mais cette affaire n'en resta pas là, comme le prouve une transaction de 1767, entre les héritiers Lesergent et Deschamps, transaction par laquelle le sieur Deschamps s'engage à remplir les conditions du testament auxquelles lui et son père avaient été condamnés par les arrêts du 5 Août 1744 et du 25 Février 1767.

La révolution survint et un décret du 19 Brumaire an XII (1804), envoya la fabrique d'Eperlecques en possession de la maison persbytériale et des terres qui y étaient annexées.

Cette chapelle est dédiée à Notre-Dame-aux-Neiges ; elle avait lors de sa fondation, 30 pieds de longueur sur 18 de largeur. Elle fut agrandie en 1845, à cause du grand nombre de fidèles qui y viennent, chaque dimanche, à la messe. Elle est assez bien décorée, on y voit un tableau de la Cène qui n'est pas sans mérite et un Calvaire érigé par la famille Dewintre. Au nombre de ses protecteurs, cette petite église peut compter les familles Colin et Taffin qui ont leur maison de campagne près de là.

A quelques pas de la chapelle, est située la maison de M. Armand, ancien député et maire de la ville de St-Omer, avec ses beaux jardins paysagers.

V.

Topographie. Ancien langage. Mœurs. Confréries. Usages. Forêt et Redoutes.

Eperlecques est un des plus beaux et des plus vastes villages de l'ancienne province d'Artois. Sa longueur, du levant au couchant, est de plus de dix kilomètres, et sa largeur d'environ six. Borné au Nord par Ruminghem, au Nord-Est par la rivière d'Aa qui sépare cette commune d'avec celle de Holque, département du Nord, et par Watten qui est séparé d'Eperlecques par la Runingue; il est limité à l'Est et au Sud par Houlle, au Sud-Ouest par Mentque-Norbecourt, à l'Ouest par Bayenghem-lez-Eperlecques et au Nord-Ouest par Muncq-nieurlet. Assis au fond d'une vallée, il s'élève sensiblement en amphithéâtre du côté du Nord. Les deux monts appelés Nord et West-Mont sont charmants par la variété de leurs habitations. A côté de belles fermes, on rencontre de petites chaumières avec des jardins symétriquement cultivés : tel est le logement de la classe ouvrière. Au pied de ces petites montagnes coulent deux ruisseaux dont les eaux limpides servent à alimenter les habitations.

Dans la forêt, dite de Beauloo, on remarque la montagne dite de Cocreuil, située au Nord du village. De là vous jouissez d'une des plus belles vues du département, Parmi une infinité de clochers, vous distinguez à l'œil nu, ceux de Bourbourg, de Gravelines et la tour de Dunkerque. Rien n'est riant comme ces prairies et ces gras pâturages, plantés de saules et entourés de fossés, qu'on aperçoit dans cette partie de l'arrondissement de Dunkerque. Si vous portez vos regards du Septentrion au Midi, l'aspect du pays est plus pittoresque, c'est Cassel dont les silhouettes des maisons se dessinent sur un ciel bleu. Un peu plus à droite, c'est St-Omer avec ses tours ; St-Bertin si riche de souvenirs, et la tour Notre-Dame, si noble et si imposante, dominant la ville à son autre extrémité. Votre vue se porte au loin sur une campagne variée, où chaque arpent de terre cultivé, selon les besoins des habitants, semble autant de tapis de différentes couleurs, et à vos pieds vous voyez se dérouler l'immense panorama du village. Au levant Watten avec les ruines de son antique abbaye, dont la tour semble veiller sur celles qui l'environnent, et, se soulever, comme pour dire un dernier adieu aux débris du château d'Eperlecques, dont la pioche enlève tous les jours quelques lambeaux. Cette hauteur est à environ 4 kilomètres du village ; son sol, aride et sec, est maintenant cultivé, grâce au soin de M. de Noircarme.

Le sol est en général gras et fertile, la partie Sud-Est est la plus riche en terres labourables, quoiqu'on y rencontre quelques terrains marneux et sablonneux. Le champ d'Hellebroucq, à l'Est de l'église, quoiqu'un peu plus humide, n'en est pas moins un des plus fertiles du village. Au Nord on rencontre quelques terres glaises et à graviers, mais la sagacité aidée de l'expérience des agriculteurs, a vaincu bien des difficultés. L'extrémité de la partie Nord-Est est presque couverte de marais. Chaque pièce de terre, dite légre, forme autant d'ilots qui ne laissent pas que d'être très fertiles, on s'y occupe principalement de la culture du chanvre. Indépendamment de la culture des lègres, on y extrait de la tourbe en grande quantité. Les habitants de ces bords marécageux n'ont plus à redouter les inondations : les moulins de desséchement qu'on y a établis, empêchent du moins les grandes avalanches en temps de forte pluie.

Les richesses de ce village consistent en gras pâturages : blés, avoine, orge, scourgeon, colza, camomille, lin, chanvre, betteraves, pommes de terre, tabac, etc. Pommes, poires, prunes, noix et cérises : ces derniers fruits sont les plus renommés du département. Vers le milieu du siècle dernier, M. Varlet, curé d'Eperlecques, a tenté d'y cultiver la vigne, mais il a dû abandonner son projet ; le vin qu'il récoltait était de mauvaise qualité. C'est aussi cet ecclésiastique qui a introduit le houblon qui a beaucoup mieux réussi.

L'industrie consiste dans l'agriculture qui y est bien entendue, dans l'extraction de la marne, d'argile de silex, de sable et de tourbes. Eperlecques possède aussi des moulins à farines, des brasseries, une blanchisserie de toiles et des métiers à tisser la toile de lin et de chanvre. On y rencontre un commerce actif de bois de grains et de fruits très estimés. On y élève, comme partout, des chevaux et des bêtes à cornes, des porcs et des moutons.

La Liette est un ruisseau qui prend sa source à la fontaine de St-Pierre, située à l'ouest du village ; ce ruisseau qui alimentait de ses eaux une partie des fossés du château, forme encore aujourd'hui un vivier à l'Est de ses ruines. Là, ces eaux arrêtées par une écluse dite Rivièrette, font tourner un moulin à farine; (1) puis, elles forment un ruisseau qui coule au fond d'un ravin (c'est ce qu'on appelle la Liette); et, après avoir traversé les prés du Gravermeche et les jardins de M. Armand, elles se jettent dans la Paclose.

La Paclose est un petit canal qui court au Nord-Est au pied de la forêt. Il sert au transport des bois de la forêt d'Eperlecques, et peut recevoir des bateaux d'une assez grande dimension. La Paclose se jette dans la Runingue, petite rivière qui perd ses eaux au pont de Watten dans la rivière d'Aa. C'est l'ancien lit de cette rivière.

Le Coabec est un ruisseau qui a sa source près du bois du Vonnette (qu'on achève aujourd'hui de défricher). Dans le court trajet qu'il parcourt au pied de la montagne, il arrose une blanchisserie de toiles, et perd ses eaux dans les ruisseaux qui se jettent dans la Liette. Ces petits courants d'eaux arrosent, par le moyen de petites écluses, les prés du Gravermeche qui donnent d'excellents foins.

Tout porte à croire, qu'avant de parler français, les habitants ont parlé un dialecte tudesque ou flamand. C'est ce qui semble au moins résulter de presque tous les noms de terrains encore en usage sur le territoire de cette commune. Ainsi, pour n'en citer que quelques-uns, le mot Helle Broucq, Helle Brocke signifie le Marais de l'Enfer; c'est en effet le nom qu'on donne à la principale ferme qui s'élève dans le canton. Graver ou Graven-Meche (Graven Mesche) veut dire la Pâture des Tombes; c'est, dit-on, au bas de cette pâture, qu'était le cimetière des pestiférés. Machepeet signifie le Puits de la Mesellerie ou des lépreux. C'est probablement là

---

(1) Ce moulin appartenait au comte d'Egmont.

qu'était, au moyen-âge, la maladrerie ou la maison destinée dans chaque village à l'habitation des Mesels ou lépreux. La physionomie flamande des mots Medelwegh ou chemin du milieu, Kerkeweghe ou chemin de l'église, Westrove ou le hameau de l'Ouest, Lindendal, la vallée du tilleul, Estaberg le hameau du nord, ne peut être sérieusement contestée. Aujourd'hui le patois que l'on parle à Eperlecques est le même que celui des autres villages des alentours de St-Omer.

Eperlecques avait aussi ses fêtes particulières : la plus remarquable est sans contredit celle de la cueille des cérises.

Le matin du jour où cette cérémonie avait lieu, on élevait une chapelle sur la lisière du bois, et l'évêque des Morins venait solennellement y officier ; ensuite on se mettait à la besogne et le premier panier de cérises était offert à Monseigneur et le reste du jour se passait en réjouissances. Cet usage dura jusqu'en 1700, mais, comme depuis 1556, il n'y avait plus d'évêque de Thérouanne, c'était celui de St-Omer, ou l'abbé de St-Bertin qui officiait.

Après la cueille des cérises, la fête la plus en honneur était celle du Geai et du Galopage de Mai. Les héros de ces fêtes étaient les confrères de St-Sébastien. Cette ancienne Confrérie subsiste encore à Eperlecques avec toutes ses coutumes. Elle remonte à un temps immémorial : le 28 Mai 1615, elle reçut des statuts réguliers. En 1665, le nommé Raspaille, prêtre, lui donna une platine en argent représentant St-Sébastien. Cette platine servit à décorer le roi de la Confrérie ; un nommé Jacques de Mer qui fut empereur en 1685 (1), donna le Geai et la chaine accompagnés de 9 plati-

---

(1) Celui qui est roi pendant trois années consécutives est nommé Empereur.

nes, le tout en argent. Harlay, dans son almanach d'Eperlecques, donne le détail des fêtes du Geai et du Galopage du Mai qui se pratiquaient avant la révolution. Cette Confrérie fut abolie en 1793, et réorganisée en 1818; elle donne encore ces fêtes comme avant son abolition.

Le premier Dimanche de Mai, après avoir assisté aux vêpres, les confrères armés d'arcs et de flêches se rendent en ordre de bataille dans la pâture où est dressée une perche au bout de laquelle est un oiseau ; celui qui l'abat, est reconnu roi de la Confrérie; puis ils retournent dans le même ordre à l'église où l'on chante le « Regina Cœli », et la fête finit par un bal.

Le Lundi de la Pentecôte, ces mêmes confrères, après avoir entendu la messe, montent à cheval, puis, précédés de l'Arlequin ou fou du Geai, et de leur musique, ils se rendent sur la route de Calais, à la limite de Bayenghem-lez-Ep. Là, à une certaine distance, un mai est planté, celui qui arrive le premier à ce but, est reconnu roi du Mai. Au retour de cette cavalcade, on sonne la cloche, les confrères font à cheval le tour du cimetière ; arrivés sur la place, le vin leur est offert. Le connétable agite son épée en l'air et jette quelques oranges à la foule, et ils rentrent dans leur chambre de commune. Le soir il y a divertissement.

La Confrérie se compose du roi, de ses deux pages, d'un connétable, d'un porte-étendard, d'un arlequin et de la musique. Le nombre des confrères n'est pas limité ; ils portent un costume particulier.

Il y a quelques années le Mardi de la Pentecôte, les consœurs de St-Sébastien avaient aussi leur fête: sur la place, un coq était attaché par le cou à deux arbres ; la première qui le décolait était nommée reine de la Confrérie. Mais les consœurs ont abandonné ce jeu qui avait quelque chose de cruel, et elles tirent leur royauté au sort.

Le collier en argent, ainsi que le coq et les platines donnés par Raspaille et Jacques de Mer, décore encore le roi de la Confrérie ; sur chaque platine est gravé le nom du donateur ; une grande médaille en cœur donnée en 1818, porte cette inscription ;

A la mémoire de N. J. Flamen
empereur en 1782
l'oiseau et ses dépendances
ont été conservés par son fils,
le sieur N. Flamen N. G. A. Moulle
qui l'a rendu gratuitement à
la Confrérie de St-Sébastien
en 1818.

Une autre d'une plus petite dimension, contient ce qui suit :

Nicolas-Joseph Roels
fut roi en 1818, 1re année
de la restauration de la Confrérie,
Il eut pour pages J. B.
et Pierre J. H. deux de ses
frères, et fut encore
roi en 1824 (1).

Le collier de la reine, orné d'un coq, platines avec chaîne, a été donné par la femme de N. J. Flamen, qui avait conservé celui du roi lorsqu'elle fut reine en 1820. Une chaîne à la-

---

(1) Ces inscriptions ont été copiées sur les platines mêmes de la Confrérie.

quelle est suspendu un seul médaillon, aussi en argent, a été donnée par M. Dereuder en 1823 ; elle sert à décorer le page qui est roi du mai.

Les habitants d'Eperlecques font bien de conserver ces Confréries, dont les fêtes ont quelque chose qui nous rappelle les siècles passés. A Bayenghem et à Moulle, elles ont fini par disparaître. Une tradition populaire rapporte qu'un seigneur d'Eperlecques fut battu par les confrères de St-Sébastien de Moulle ; on voyait encore avant 1840, à l'ancienne église de Moulle « les créneaux par où on décochait les » flèches. » (1).

Au XVIIe siècle, il existait à Eperlecques une Confrérie du Sacré-Rosaire ; j'ai vu un ancien registre avec les noms de ceux qui en faisaient partie. Ce registre commence en 1662 et finit en 1747.

La forêt d'Eperlecques dite de Beauloo, d'environ 800 hectares, était un domaine royal engagé à la famille de Mont-Morency et acheté par elle. Cette forêt nourrissait une grande quantité de cerfs, de renards et de loups ; mais elle en fut délivrée par l'intrépide courage de Madame Charlotte de Laureton, baronne de Drack et de Theven ; cette louvetière du Nord et du Pas-de-Calais, ne se donna aucun repos qu'elle n'eut délivré la forêt de ses animaux incommodes. Cette dame si célèbre dans nos environs, est morte à Zutkerque le 19 Janvier 1823, à l'âge de 75 ans. En 1809, elle fit encore des battues salutaires à Ablain-St-Nazaire, séjour ordinaire de sa famille. Un de ses anciens gardes-chasse, le sieur Lamoral Fenet, est mort à Eperlecques, il y a quelques années à l'âge de 93 ans.

---

(1) Hector Piers.

Dans la forêt, deux chapelles sont attachées à des chênes séculaires; l'une est dédiée à St-Antoine, l'autre à Notre-Dame des Trois-Cayelles (chaises); il s'y fait des pèlerinages, c'est sans doute dans cette chapelle-l'évêque dont parle M. Derheims, où l'on officiait à l'ouverture de la moisson; cette cérémonie est sans doute confondue avec la fête de la cueille des cérises, dont nous venons de parler. Dans cette forêt il existe aussi un petit édifice religieux, bâti par la famille Vergriette en 1831.

Il existait avant 1789, une chapelle dédiée à Jésus flagellé, près du Coishin où se trouve aujourd'hui un calvaire planté en 1811, par la famille Hielle. A l'endroit appelé l'Ange-Gardien, il y avait une chapelle; le sieur Heban possède encore la statue de l'Ange. Près de la maison d'Isidore Fenet, à l'angle de la rue du Château, il y avait aussi une chapelle à Jésus flagellé. L'antique chapelle de St-Pierre, située près de la fontaine du même nom, fut aussi détruite, mais la famille de M. Nicolas Roels l'a fait rebâtir en 1837. En 1788, un nommé Roels fut tué par son cheval au lieu nommé Coterdic, un calvaire y fut érigé en mémoire de cet accident. Le calvaire trucnard était sur le champ d'Hellebroucq.

Au hameau dit Bleue-Maison, on voit une ferme qui conserve quelques traits caractéristiques d'un ancien château; cette maison est flanquée d'une tourelle, les pièces sont voûtées, une pierre porte la date de 1592 avec un écusson presqu'effacé. On dit que, dans ce quartier, il existait un ancien fort dont il ne restait presque plus de traces au XVIIe siècle (1). Ce point est cité plusieurs fois lors du siége de St-Omer en 1638. Au Nord-Est de l'église à six kilomètres

---

(1) Manuscrit d'Affringues.

environ, il existait une redoute appelée le fort West. Ce fort était situé près de la rivière de Paclose; il fut nivelé il y a quelques années; on y a trouvé des armes et une grande quantité de balles, les murs étaient formés par des levées de terres : on n'y a trouvé aucun ouvrage en maçonnerie. Ce point est aussi cité dans le siége de St-Omer de 1638. Près du Gravermeche, on croit reconnaître l'emplacement d'un ancien fort, on y voit un monticule de terre entouré d'un large fossé; on aperçoit sur le même manoir plusieurs traces de fossés, au milieu de cette ile il y avait une ferme qui fut démolie en 1848 ; Ce fossé s'appelle le Wal. Dans plusieurs autres points du village, on trouve des mottes formées par des levées de terres; la plus considérable est celle qu'on voit dans la pâture située près de la place, donnant sur la rue du Coislin, appartenant à M. Lesergeant de Bayenghem.

VI.

Biographie et faits divers depuis la Révolution.

Ce n'est pas, dans une localité aussi peu importante qu'Eperlecques, qu'on peut s'attendre à rencontrer des hommes véritablement éminents ; toutefois, nous croyons qu'il est toujours bon de signaler, à défaut de grands hommes, ceux qui se sont distingués dans leur pays par quelqu'endroit. C'est à ce titre que nous mentionnons les personnes dont les noms suivent.

Antoine-Léger-François Harlay, né à Eperlecques le 14 Juin 1747, n'ayant reçu d'autre éducation que celle que pouvait donner alors un instituteur de village, s'occupa, étant bien jeune, à composer plusieurs chansons qui sont encore populaires dans les alentours. Il ne se passait aucun évènement à Eperlecques ou dans les environs, qui ne fut de sa part le sujet d'une chanson. Lors de la réorganisation de la Confrérie de St-Sébastien en 1818, il chanta les nouveaux confrères, et on peut l'appeler le chansonnier du Geai d'Eperlecques. Harlay avait toujours soin de se conserver à lui-même le dernier couplet. Dans une de ces improvisations faciles, où il fait entrer les noms des confrères de St-Sébastien, il finit par ce couplet:

  Ici, je termine l'histoire,
  De cette belle Confrérie ;
  Si je chante encore aujourd'hui,
  C'est pour graver dans la mémoire
  Qu'Harlay à soixante et dix ans,
  Réjouit encore par son chant.

Et, dans une autre qu'il fit imprimer, il termine ainsi:

  Le composeur de la chanson,
 Est d'Eperlecques et ne dit pas son nom,
  C'est un jeune homme de quarante ans,
 Qui n'a rien composé depuis dix ans ;
  S'il vous prend envie de le voir,
 Allez le trouver, payez-lui à boire.

Ce bon vieillard qui réjouissait par son chant, comme il le dit lui-même, était garde-champêtre ; il est mort à Eperlecques le 20 Septembre 1828.

Harlay avait été soldat au régiment de la Sarre dans la compagnie de St-Jean. Entré au service le 1ᵉʳ Juin 1776, il obtint son congé à Verdun le 19 Juillet 1781. Ce congé porte les autographes du maréchal-des-camps des armées du roi et inspecteur d'infanterie, le comte de Langhon; du mestre de camp commandant ledit régiment, le duc de La-Rochefoucault.

En 1789, il fit paraître un almanach qui portait le titre d'Almanach d'Eperlecques. Cette petite brochure contient la description d'Eperlecques, de Houlle, Moulle et Bayenghem-lez-Eperlecques; elle ne manque pas d'intérêt. Marie-Ysabelle Lorio, sa femme, est morte à Eperlecques le 8 Janvier 1852, à l'âge de 82 ans.

Dominique Dereuder, né à Muncq-Nieurlet, le 9 Novembre 1752, est mort à Eperlecques, le 16 Décembre 1825. Pendant les troubles révolutionnaires de 1793, il acheta comme biens nationaux plusieurs propriétés du comte d'Egmont, entr'autre l'ancien château qu'il fit démolir. L'église d'Eperlecques lui fut aussi adjugée. Grâce à lui, elle échappa au vandalisme révolutionnaire; et, lors du rétablissement du culte catholique, il s'empressa de la rendre à la commune. Sa maison de campagne située en face de l'église, ses beaux jardins entourés de grillages et ornés d'une infinité de statues, provenant de M. Deharchies, ont été détruits par M. Herbout de Staplande, qui avait acheté cette belle propriété à ses héritiers en 1826. M. Dereuder laissa, après sa mort, 1200 francs aux pauvres d'Eperlecques, et fit plusieurs donations aux personnes qui étaient à son service. On voit encore dans le cimetière la croix en fer de cette homme recommandable.

Pierre-François Vasseur, colonel au 75ᵉ de ligne, est né

à Eperlecques le 29 Janvier 1793. Appelé comme conscrit sous les drapeaux, il a parcouru tous les grades, laissant partout le souvenir de ses talents militaires et de son ineffable bonté. Entré dans les chasseurs de la garde impériale, le 6 Décembre 1812; fourrier le 1er Juillet 1814; sergent-major au 3e régiment des chasseurs de la garde, le 1er Avril 1815; licencié le 1er Octobre de la même année; adjudant-sous-officier le 1er Décembre 1815 dans la légion du Pas-de-Calais, devenu 32e de ligne; sous-lieutenant porte-drapeau le 24 Février 1819; lieutenant le 21 Avril 1824; lieutenant-trésorier le 19 Avril 1825; capitaine-trésorier le 12 Avril 1829; major le 24 Août 1838 dans le 62e de ligne; lieutenant-colonel au 4e léger, le 12 Février 1843; colonel au 75e de ligne, le 15 Juin 1848.

Il fit les campagnes, d'Allemagne en 1813; de France en 1814; de Belgique en 1815; d'Espagne en 1823 et 1824. Le colonel Vasseur était Chevalier de la Légion-d'Honneur, et de l'Ordre de Ferdinand II d'Espagne.

Au mois de Juillet 1849, il quittait son régiment pour venir passer un semestre dans sa famille; il s'arrêta à Aire, chez son frère, et y fut atteint du choléra, qui l'emporta en quelques instants le 12 Juillet 1849.

Un nombreux cortége accompagna sa dépouille mortelle au champ du repos; M. Mahieu, maire de la ville d'Aire, prononça sur sa tombe un discours qu'il terminait ainsi: « L'homme qui s'éteint après une vie de dévouement et » d'honneur, laisse autour de lui de bien amers regrets..... » Adieu, cher et bon colonel, ta carrière fut glorieusement » remplie! repose du sommeil du juste! »

Monsieur Albert Decocq, maire d'Eperlecques, mourut en

1849, âgé de 72 ans. Administrateur intègre, homme juste et recommandable, il fut regretté de ses concitoyens.

M. Isidore-Casimir Maladrix, lieutenant en premier au 4° escadron du train-des-parcs d'artillerie, est né à Eperlecques. Parti comme jeune soldat en 1831, il fut nommé sous-lieutenant en 1842 ; lieutenant en 1848. Monsieur Maladrix vient d'être décoré de la croix de la Légion-d'Honneur. Cet officier peut être cité comme un modèle de piété filiale (1).

« Les environs d'Eperlecques sont remarquables pour la » longévité des habitants. » (2). En 1840, Cornille Dewintre est mort âgé de 104 ans et deux mois, mais chose extraordinaire, il était père de dix enfants, et il mourut sans être aïeul. Ce vieillard conserva jusqu'au dernier moment toutes ces facultés intellectuelles. Il est à regretter que sa famille ne lui fasse pas élever sur le cimetière d'Eperlecques, au moins un petit mausolée pour rappeler ce grand âge. Il n'est pas rare de rencontrer à Eperlecques des vieillards de 80 à 90 ans. Une veuve Limousin, âgée de 98 ans, existe encore dans cette commune.

Pendant la révolution, Eperlecques ne fut le théâtre d'aucun évènement remarquable ; ce village eut aussi sa fête à l'Etre Suprême et à la Raison.

En 1802, Monseigneur de la Tour-d'Auvergne, évêque d'Arras, vint donner la confirmation dans l'église d'Eperlecques.

Dans la nuit du 30 Juin au 1er Juillet 1811, le feu prit à la maison d'Antoine Hernout. Le grains, les ustensiles aratoires et les bestiaux, tout devint la proie des flammes ; trois

---

(1) On doit savoir que cet opuscule était écrit en 1852.
(2) Hector Piers.

enfants périrent dans cet affreux malheur (1). La perte fut évaluée à 3240 francs. Deux personnes accusées d'être les auteurs de ce sinistre, furent condamnées à mort par la cour d'assises. Après révision du procès, elles furent renvoyées de la prévention ; mais l'un de ces malheureux était mort dans les prisons de St-Omer. La veuve Hernout qui avait survécu à un tel malheur, s'est pendue le 12 Novembre 1843 à l'âge de 90 ans.

Le 24 Octobre 1812, une ferme appartenant à J.-B. Fénet, fut dévorée par un incendie ; la perte fut évaluée à 1300 francs. Le premier Dimanche d'Octobre 1820, Mademoiselle Julie Gueir fut engloutie sous une masse de sable. En 1831 un autre incendie consuma en partie la maison de François-Marie Holland. 1836, le feu prit à la maison d'Albert Delay et de J.-B. Maladrix. En 1837 le feu consuma en partie la maison de Gaspard Fénet.

Le 29 Juillet 1837, Benoît Flament, honnête ouvrier et père d'une nombreuse famille, périt dans une carrière de marne sous une masse de 40 pieds et à 70 de profondeur. Sur quatre ouvriers qui y étaient, deux y périrent ; les deux autres en furent quittes pour de fortes contusions ; cet affreux accident est arrivé aux marnières d'Assinghem, commune de Houlle.

Le 15 Mai 1840, S. E. le cardinal de la Tour-d'Auvergne, évêque d'Arras, vint de nouveau donner la confirmation dans l'église d'Eperlecques ; il y vint encore en 1848.

Dans la nuit du 23 au 24 Mars 1843, Bernardine Dewin-

---

(1) Stanislas-Joseph Hernout, âgé de 14 ans, Alida Hernout, âgée de 21 ans, et Marie-Josèphe Hernout, âgée de 19, enfants d'Antoine-François, ménager, et de Marie-Anne-Rosalie Stopin. (Etat-Civil d'Eperlecques).

tre, femme Sproot, rentière, âgée de 82 ans, fut assassinée dans son lit. Quatre personnes de Bayenghem-lez-Eperlecques, furent convaincues d'être les auteurs de ce crime et condamnées aux travaux forcés à perpétuité. Quelques jours après, en face de sa maison, le feu prit chez J.-B. Maladrix, cabaretier. Dans la nuit du 25 au 26 Août de la même année, la foudre tomba sur une ferme de A. Boutoille; la veille on avait rentré les blés, tout fut entièrement brûlé.

Le 14 Juillet 1844, une émeute accompagnée d'actes de rébellion, vint troubler cette commune. Les personnes qui occupaient des biens communaux depuis 1793, ayant refusé de payer l'impôt (Ordonnance royale du 23 Juin 1819), on fit des saisies mobilières, et le jour de la vente, il fallut avoir recours à la force publique. Le colonel de place accompagné du sous-préfet, de la gendarmerie et d'un détachement du 7e Léger, qui était alors en garnison à St-Omer, y vinrent mettre l'ordre et la tranquillité; on fit quelques arrestations, et tout revint calme. Depuis cette époque rien n'a troublé cette commune ordinairement si paisible.

Les habitants d'Eperlecques, sont laborieux, un peu entêtés et tenant beaucoup à leurs anciennes habitudes.

Ce village est à 10 kilomètres Nord de St-Omer. En 1794 il était chef-lieu de canton; aujourd'hui il fait parti du canton d'Ardres.

La Station de Watten au chemin de fer du Nord, est sur le territoire d'Eperlecques.

La ducasse ou kermesse est fixée au premier Dimanche d'Octobre.

FIN DE L'HISTOIRE D'ÉPERLECQUES.

PIÈCES JUSTIFICATIVES.

NOTE : POUR LE PARAGRAPHE II. EPERLECQUES SOUS LES MAISONS DE CROY ET D'EGMOND.

Extrait d'une sentence de noblesse pour Nicaise de Bersaques.... contre le procureur fiscal de l'élection d'Artois, en date du 30 Avril 1593.

Jacque de Bersaques, escuyer, sieur de Welde, a été nommé gouverneur et capitaine de la place et chastellenie d'Esperlecques en 1446.

Oudart, petit-fils de Jacques de Bersaques, fut grand aumônier de l'empereur Charles-Quint, il parvint à la prévôté de l'église collégiale de St-Omer vacante par la mort de messire Eustache de Croy, évêque d'Arras.

Gauthier de Bersaques a été nommé capitaine d'Eperlecques par le comte de Meghem : « Et par son pouvoir qualifié escuyer,
» lequel, par ung acte signalé de ladite noblesse et générosité
» de cœur estant en l'an quinze-cent quarante-deux, pressé et
» assiégé par l'armée du roy de France audit chasteau, l'avoit
» vaillamment soustenu et deffendu jusque la que, estant ledit
» chasteau prins par la force et batterie continuelle de canon,
» il avoit été emmené prisonnier en France avec Adrien de
» Bersaques, son fils ainé. »

Plus bas on lit :

« Gauthier de Bersaques fut chef et capitaine d'Esperlecques
» jusque à son trépas advenu en l'an mil cinq cent soixante et
» dix, a son aige de quatre-vingt-deux ans, fort honorable
» viellart ayant été inhumé au chœur de l'église dudit Esper-
» lecque en une vaulsure y faicte par ses dicts predécesseurs,
» couverte de deux grandes pierres de marbre bleu, où sont
» engravés les quartiers de ses armoiries. »

M. Rémy Colin, maire d'Eperlecques, possède la copie d'un testament de Louis de Bersaques, doyen de l'église cathédrale de St-Omer, écrit de sa main en 1594.

Le caveau de la famille de Bersaques doit se trouver sous le chœur de l'église d'Eperlecques. La pierre qui en ferme l'entrée, se trouve cachée à l'endroit de la porte de la balustrade. Ses armoiries qui y sont gravées sont d'azur à trois merlettes d'argent avec un croissant d'or en chef.

Jacques-François Vasseur, seigneur du Long-Pré, mort à Eperlecques en 1811, avait épousé Jeanne-Thérèse Petrel ; laquelle était fille d'Ide de Hac dont le père descendait de la famille de Bersaques et qui fut le dernier déposé dans le caveau de l'église d'Eperlecques.

Ma mère, âgée aujourd'hui de 76 ans, est la dernière fille de Jacques-François Vasseur du Long-Pré.

NOTE POUR LE PARAGRAPHE IV. EGLISE ET CHAPELLE DU GANSPETTE.

D'après une pierre trouvée à l'endroit du cadran de l'horloge, il résulte que la tour de l'église a été bâtie par Monseigneur le comte de Meghem en 1411. Une autre pierre qui se trouvait au-dessus d'une porte bouchée près de l'autel du Sacré-Cœur, indique que la basse église a été bâtie par les habitants d'Eperlecques en 1563. Le chœur de l'église a été rebâti en 1762 par Messieurs les chanoines du chapitre de Boulogne, de l'évêché duquel Eperlecques dépendait alors comme étant propriétaire d'une partie de la dîme qui se levait à Eperlecques ; ils étaient tenus de l'entretenir toujours à leurs frais.

L'ancienne cloche qui s'est fendue en 1840, avait été fondue en 1593 ; le comte de Meghem, espagnol, était son parrain ; elle se nommait Jeanne et pesait deux mille huit livres. — Extrait d'un livre journal qui se trouve chez M. Remy Colin.

Le patron d'Eperlecques est Saint-Léger, évêque d'Autun. Né vers l'an 616, il fut appelé en 656 par la cour de la reine de Neustrie, Ste-Batilde, pendant la minorité de son fils Clotaire III, et la servit utilement de ses conseils. A la mort de Clotaire, il contribua puissamment à l'élection de Childéric II, au détriment de Thierry III que soutenait Ebroin. Mais ayant été calomnié auprès du roi, il fut disgracié (673), et s'enferma au couvent de Luxeuil. Thierry III, successeur de Childéric l'en fit sortir et le rendit à son diocèse. A peine était-il rentré dans Autun, que cette ville fut investie par Ebroin, maire du palais. Le saint évêque, se livra à son ennemi, qui lui fit crever les yeux, couper la langue et les lèvres, raser les cheveux, déchiqueter la plante des pieds (676), Chrodobert, à qui il fut livré et qui voulait plaire à Ebroin, lui fit trancher la tête dans la forêt de Lucheux ; il fut inhumé dans le village de St-Léger-lez-Authie, département de la Somme. Les évêques de Poitiers, d'Arras et d'Authun se disputèrent la possession de ses reliques. Thierry prononça en faveur de la ville de Poitiers qui obtint ses restes. Selon les chroniques du temps, l'évêque Vindicien fit don de la tête de Léger à l'abbaye de St-Vaast qui l'a conservée dans un reliquaire d'or.

L'église d'Eperlecques possède des reliques de son St patron.

Voici la chronologie des curés d'Eperlecques dont on a conservé les noms :

MM. André Bauden, de 1640 à 1665. — J.-B. Clément, de 1665 à 1711. — Elie-François Vandeecke, de 1711 à 1720. — François Tristram, de 1720 à 1733. — Philippe-Maximilien Brusselin, de 1733 à 1747. — J.-B. Warré, de 1747 à 1748. — Jean-François Varlet, 1748 à 1802 (c'est lui qui avait introduit la vigne et le houblon à Eperlecques). — Félix-Hector Hochart, de 1802 à 1830. — Charles-François-Frédéric Dumesnil, de 1830 à 1832. — Maxime Brebion, de 1832 à 1842, et remplacé successivement par Messieurs Martin, Leroy et Hochart qui vient de mourir il y a quelques mois. M. Perche curé de Nédonchel vient d'être nommé curé d'Eperlecques, le vicaire est M. Dupros.

NOTE POUR LE PARAGRAPHE V. CONFRÉRIE.

Outre le tirage d'oiseaux du premier dimanche de mai, on en faisait encore d'autres et l'on y invitait les Confréries des villes et des villages environnants. A son tour la Confrérie d'Eperlecques se rendait aux invitations du dehors ; et dans le nombre des convocations qui lui furent adressées, je transcrirai ici celle qui lui vint de Dunkerque en 1784.

L'adresse porte : A MM. les rois, connétables, doyens et chevaliers de la noble Confrérie de Mgr. le chevalier et glorieux martyr St-Sébastien à Eperlecques.

Dunkerque le 9 mai 1784.

Messieurs et confrères,

Nous avons l'honneur de vous faire part que nous avons délibéré de tirer des oiseaux de prix le onze Juillet de la présente année, à laquelle nous invitons tous nos chers confrères de l'arc, sous le titre de St-Sébastien, dûment établis, de participer à ce tirage en la manière et aux conditions suivantes.

1° Les six coups d'honneur seront tirés, savoir : trois par M. le commandant de la place, et trois par M. le connétable de notre Confrérie.

2° Il sera donné par notre confrérie trois prix d'argent, attribués aux trois oiseaux distingués, dont le premier qui sera l'oiseau du milieu, consistera dans une cafetière, les deux autres des côtés seront d'une louche ou cuillère à soupe chacun, le tout d'argent. Il sera également présenté par notre Confrérie une médaille d'or et deux d'argent doré, la première sera méritée par la Confrérie qui viendra à la fête avec le plus d'appareil, les deux autres par la Confrérie la plus éloignée, et par celle qui mettra le plus d'oiseaux ; le tout de la valeur d'environ six cents livres. En considération de quoi un de nos pelotons tirera le premier sans être tenu de tirer au sort, les autres pelotons de notre Confrérie n'auront aucun privilège et subiront le sort comme les autres confréries ; de sorte qu'il y aura trois oiseaux de plus que de pelotons.

3° Chaque peloton consistera en six confrères jurés, il sera dressé, outre les trois oiseaux mentionnés au précédent article, autant d'oiseaux qu'il y aura de pelotons, chaque oiseau emportera pour prix un couvert d'argent, avec liberté à ceux qui les abattront, que si, au lieu dudit couvert, ils préférent être payés en argent, en ce cas il leur sera escompté la somme de *trente livres tournois* et la mise de chaque peloton sera de *trente-six livres tournois*, sans être tenu à d'autres frais sans pouvoir exiger aucun compte.

4° Chaque Confrérie pourra tirer avec autant de pelotons que bon lui semblera et chaque peloton aura la faculté de poser trois oiseaux sans plus, en payant pour chaque oiseau ladite mise de trente-six livres tournois.

5° Deux députés de chaque Confrérie se réuniront ledit jour onze Juillet à huit heures du matin, à notre hôtel, pour procéder avec nous au tirage au sort, et mettre les oiseaux sur la perche, suivant le nombre de pelotons qui se rendront à cette fête, et, payeront en même temps ladite mise de trente-six livres tournois, à défaut de députés manquant nous déclarons qu'il y sera procédé en leur absence.

6° Toutes les confréries ou pelotons seront obligés de se trouver à une heure de relevée sur la place Royale de cette ville, pour, par notre Confrérie, être complimentées, pour ensuite ensemble (notre Confrérie en tête avec tambour et musique) se rendre à la perche pour tirer à chacun son tour.

7° Sitôt qu'un peloton aura abattu un oiseau, il sera obligé de le rapporter au greffier qui sera établi pour cet effet, pour, par lui, être enregistré, et tout oiseau sera sensé abattu, du moment que la verge sur laquelle il est posé, sera vide quand bien même partie de cette verge tomberait avec icelui.

8° Chaque peloton ne pourra tirer qu'à son tour, après que le crieur l'aura averti, et chaque tireur sera tenu de se servir de flèches à cornes plates ; il est défendu à tous confrères de se servir d'autres flèches que la sienne à peine que les oiseaux ainsi abattus, seront au profit de la généralité des tireurs, à l'exclusion du peloton qui sera en contravention. Seront également au profit de la généralité à l'exclusion que dessus, les oiseaux qui seront abattus par ceux qui tireront avant ou après leur tour.

9° Les tireurs de chaque peloton qui ont commencé le tirage, seront obligés de continuer jusqu'à la fin, sans pouvoir faire aucun échange, ou mettre quelqu'un en leur place, ni pouvoir tirer dans d'autres pelotons que dans celui où ils auront commencé. Aussi à peine que les oiseaux ainsi abattus seront au profit de la généralité à l'exclusion avant dite, à l'exception, cependant, que, si quelque tireur vient à être blessé, ils avertiront les députés préposés audit tirage.

10° Il n'est pas permis aux confrères respectifs qui tirent avec leur Confrérie, de tirer avec d'autres confrères, à peine que les oiseaux qui seront ainsi abattus seront également au profit de la généralité et à l'exclusion ci-dessus.

11° Le tirage se fera le premier jour jusqu'à sept heures du soir, à moins que le tour ne fut commencé, en ce cas on tirera jusqu'à ce qu'il soit fini, et en cas qu'il reste des oiseaux sur la perche, l'on reprendra l'exercice le lendemain douze Juillet à huit heures du matin précises, sans attendre après qui que ce soit. Le premier peloton en tour commencera le tirage et l'on continuera jusqu'à midi, bien entendu que le tour commencé sera fini, et s'il arrive pour lors qu'il reste des oiseaux sur la perche, il sera immédiatement, après le tirage dans la salle de notre hôtel, procédé par la voix du sort au profit de qui tomberont lesdits oiseaux retenus.

12° Tous les confréries et pelotons seront libres de se rendre à cet exercice avec telles marques d'honneurs qu'ils trouveront convenir, notre intention étant d'admettre à cette fête tous les confrères des Confréries duement établies ; tous autres que ceux-ci ne seront pas reçus.

13° Il est expressément défendu de rester dans les parcs destinés pour le tirage sinon les six tireurs et les députés afin d'éviter tout abus et contraventions, à peine de deux livres de cire au profit de la chapelle de notre Confrérie.

14° Toutes querelles et difficultés qui pourront survenir pendant le tirage (ce qu'à Dieu ne plaise) seront décidées par les commissaires de MM. du magistrat de cette ville et du serment de notre Confrérie, en présence de quatre députés des autres Confréries qui seront dénommés par nous, au jugement desquels chacun sera obligé de se conformer, sans pouvoir ni interjeter appel sous quelque prétexte que ce puisse être.

15° Tous les oiseaux seront faits de bois léger et légèrement posés sur la verge sans écrous, afin que celui qui touchera l'oiseau, puisse facilement l'abattre.

16° Prions toutes Confréries qui désireront participer à ce tirage, de nous donner leur réponse par écrit pour le 27 Juin prochain, après lequel temps on ne recevra plus aucun confrère à ce tirage, ce qu'attendant nous avons l'honneur d'être,... etc,...

Quant au titre de noble Confrérie, que porte l'adresse de cette lettre, je ne crois pas que les confrères d'Eperlecques l'aient jamais pris ; mais il est probable qu'il était commun à toutes les Confréries. Dunkerque, Bergues, Gravelines, Bourbourg le prenaient ; elles avaient un cachet et s'en servaient pour les correspondances.

Le cachet d'Eperlecques dont nous possédons plusieurs empreintes, porte l'écu de gueules, écartelé de même avec une petite croix d'argent sur chaque quartier posé sur deux flèches passées en sautoir.

Il existe encore aux archives de la Confrérie un réglement en parchemin. « Ce réglement écrit en beau et régulier caractère » demi gothique, assez bien conservé (dit M. Isidore Colin) a » toujours été la base de tous ceux qui se sont ensuivis...» Les confrères, quelque temps avant la révolution, le firent transcrire en caractères modernes par Guillaume-François Dewintre, clerc d'Eperlecques ; heureux si cette copie ne cause point la perte de l'original... (Communication de M Isidore Colin fils, d'après un registre écrit par son père). Voici le commencement de cette pièce curieuse :

« Extrait des lettres patentes données par leur Altesse Séré-
» nissime aux capitaines, baillis, gens de loys et notables de la
» chastellenie d'Esperlecques, pour, en conformité d'icelles,
» anéantir et casser les deux confréries d'arques à la main
» qu'il y avoit en ladite chastellenie, et par après en ériger à
» l'honneur de Monseigneur St-Sébastien une nouvelle à la-
» quelle il est accordé de pouvoir jouyr des tels priviléges,
» franchisses, droicts et prérogatives.... icelles lettres en datte
» du XXVIII d'aparil mil six cent et quinze....»

Ce document assez long est signé par Jean Marmin, greffier de la châtellenie.

Depuis trois ans les confrères de St-Sébastien ont abandonné la coutume de galopper le mai et même de fêter leur St patron. La belle fête du Lundi de la Pentecôte qui attirait tant de monde à Eperlecques, a disparu !.., C'en est fait des anciens usages de la Confrérie!... (1861).

NOTE (bis) POUR LE PARAGRAPHE V.

On dit qu'il existait autrefois à Eperlecques un usage qui s'est perpétué jusqu'à l'an 1700 et que l'on connaissait sous le nom de la fête de la Cueille des Cérises. N'est-ce pas à Bayenghem-lez-Eperlecques que cette cérémonie avait lieu ? Il s'y est fait de tout temps un plus grand commerce de cérises qu'à Eperlecques, et une petite kermesse qui a encore lieu le quatrième dimanche de Juillet, sous le nom de la Ducasse à cérises, indique, selon moi, que ce serait un reste de cette fête.

NOTE POUR LE PARAGRAPHE VI.

M. Léon de Givenchy vient de faire bâtir une jolie maison de campagne au bas du petit bois du Vosmette qui vient de disparaître, ainsi que l'ancienne ferme, pour faire place à un beau jardin paysager.

Le 20 Octobre 1860, J.-B. Manier et Joachim Caroulle d'Eperlecques, périrent par accident dans la fabrique de M. Lafoscade à Houlle.

FIN.

www.ingramcontent.com/pod-product-compliance
Lightning Source LLC
LaVergne TN
LVHW021702080426
835510LV00011B/1532